INVENTAIRE
Ye 23.538

CHARLES GRANDMOUGIN

SOUVENIRS

D'ANVERS

POÉSIES

PARIS

CALMANN LÉVY, ÉDITEUR

ANCIENNE MAISON MICHEL LÉVY FRÈRES

RUE AUBER, 3, ET BOULEVARD DES ITALIENS, 15

A LA LIBRAIRIE NOUVELLE

1881

SOUVENIRS D'ANVERS

DU MÊME AUTEUR

NOUVELLES POÉSIES. .... 1 vol.

LES SIESTES................................. .... 1 —

PROMÉTHÉE..................................... 1 —

ODE A DENFERT................................. 1 —

ODE A BERLIOZ .... 1 —

ESQUISSE SUR WAGNER................ .... 1 —

PARIS. — IMPRIMERIE ÉMILE MARTINET, RUE MIGNON, 2

SOUVENIRS

D'ANVERS

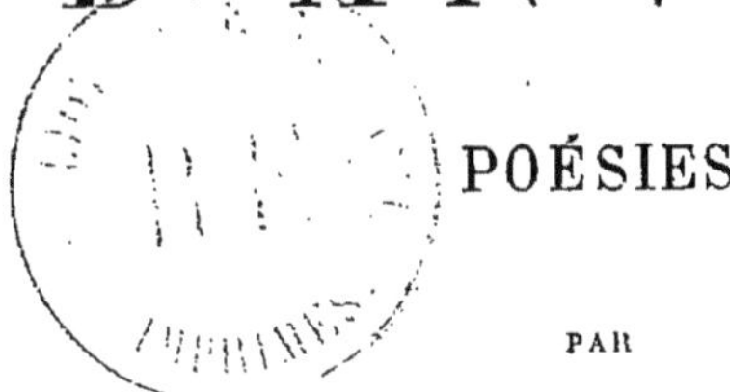

POÉSIES

PAR

CHARLES GRANDMOUGIN

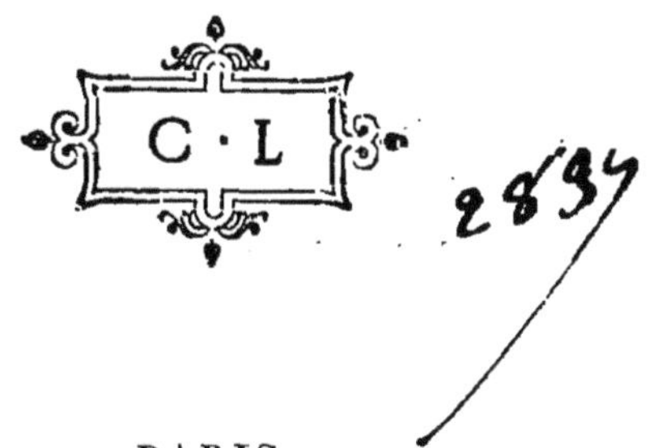

PARIS

CALMANN LÉVY, ÉDITEUR

ANCIENNE MAISON MICHEL LÉVY FRÈRES

3, RUE AUBER, 3

—

1881

Droits de reproduction et de traduction réservés

A MONSIEUR LÉOPOLD DE WAEL

BOURGMESTRE DE LA VILLE D'ANVERS

Permettez-moi, monsieur, de vous dédier l'ensemble de
ces rimes de voyage; appelé, au mois de janvier dernier,
par le cercle artistique d'Anvers, pour donner une lecture
publique de mes poésies, j'ai gardé de mon bref séjour
dans votre ville un souvenir ineffaçable et je vous prie
d'agréer cet hommage d'un poète français reconnaissant.

Paris, 15 mars 1881.

CHARLES GRANDMOUGIN

EN WAGON

EN WAGON

Paris s'éloigne, il neige, et la plaine est immense.
Ça et là des corbeaux prennent un lourd essor.
Je vais vers le pays brumeux où ta voix d'or
A chanté le soleil radieux de Provence.

Car c'est par toi, mon frère au bon cœur, que je sais
Que les cités du Nord accueillent nos poètes,
Et qu'il est, sous un ciel plus froid, des âmes prêtes
A s'échauffer au rythme aimé des vers français.

Sur les champs, quelquefois, je lance un œil oblique :
Seul dans mon coin, parmi les journaux du matin,
Je me sens, malgré moi, déjà mélancolique
En songeant au pays étranger et lointain !

Souvent, à l'autre bout du wagon, je regarde
Deux amoureux, encor jeunes, très agités,
Qui s'embrassent joyeux et francs, sans prendre garde
Au poète distrait qui songe à leurs côtés.

Que leur importe aussi le deuil de la nature?
Pour eux tout n'est plus rien que clartés et que miel :
Ils ne désirent point d'oiseaux et de verdure
Et les baisers d'hiver leur sont comme un beau ciel!

Alors, mes souvenirs d'amour ouvrent leurs ailes,
Souvenirs palpitants et frais : tels, ces oiseaux
Dont la troupe aux chansons légères et fidèles
Suit sur la pleine mer la fuite des vaisseaux.

Puis je laisse mon cœur et sa douce blessure,
Je me dis un vieil air, douloureux ou charmant,
Et le wagon pesant qui marque la mesure
Accompagne mon rêve avec son roulement.

Autour de moi tout est si triste, ces fumées
Que vomit une usine aux longs murs assombris,
Ces salles de buffet en plein jour allumées,
Ces squelettes fuyants et maigres d'arbres gris,

Ou bien ce télégraphe aux noirs réseaux qui semble
Abaisser puis monter ses nombreux fils de fer
Et dont les poteaux blancs passent, comme un éclair,
Sur le grand fond tournant de l'horizon qui tremble !

Ami, tu dois souffrir encor bien plus que moi
Des voyages d'hiver sur les trains de ces lignes,
Toi qui viens d'un pays où le soleil est roi,
Où sourit la mer bleue aux pampres verts des vignes !

Mais, qu'importent les fleurs et le ciel azuré !
Il faut qu'à des soucis plus hauts l'homme réponde !
Notre jeunesse est prête à sillonner le monde,
Car notre vie est courte et notre art est sacré !

L'ARRIVÉE

L'ARRIVÉE

A MADAME GITTENS

Je n'aime pas la solitude
Dans une lointaine cité
Où tout vient, à mon débotté,
Déconcerter mon habitude.

Dans les yeux de chaque passant
Je crois voir de l'indifférence :
Leurs costumes et leur accent
Me reportent au ciel de France !

1.

Et le seul aspect des maisons
Me rend l'âme sombre et plaintive,
Pendant que la locomotive
S'enfuit vers d'autres horizons !

Mais un sourire involontaire
A fait mon visage meilleur
Lorsque j'ai mis le pied à terre
Dans votre doux intérieur !

Le luxe sain et confortable,
Mes moindres vœux, vite exaucés,
Les convives, nombreux à table,
Tout chassait mes tristes pensers !

Mais, bien que me trouvant à l'aise,
Je songeais, plein d'un vague émoi,
Au coin de province française
Où mes parents pensaient à moi.

Puis, quand la joyeuse tablée
Parlait le langage flamand,
Aussitôt, mon âme troublée
Sentait mieux son isolement,

Et, pour un instant assombrie,
Réfléchissait combien l'exil
Doit attendrir le plus viril
Sur les choses de la patrie !

LE CHANT DES CARILLONS

LE CHANT DES CARILLONS

A CHARLES DAUSS

A toute heure de la journée,
Dig, ding, don! nous tintons dans l'air,
Et notre harmonie au son clair
Réjouit chaque maisonnée !

A la demie, au quart aussi,
Du haut des ogives fleuries
De notre long clocher noirci
Partent nos vives sonneries.

Pendant la nuit, c'est mieux encor,
Notre écho vibre et se prolonge :
Dig, ding, don ! plus d'un mauvais songe
S'illumine de nos voix d'or !

Gais comme un soleil qui se lève,
Nos airs simples et familiers,
Dig, ding, don ! s'égrènent sans trêve
Sur les pignons en escaliers,

Sur les marchés et sur la foule,
Sur les vastes vaisseaux du port,
Et sur le large Escaut, qui roule
Ses flots limoneux vers le Nord !

Dig, ding, don ! tout autour des heures
S'enroulent nos jeunes chansons
Comme autour des vieilles demeures
Le lierre aux vertes floraisons,

Ou comme autour des noirs portiques
Ces pampres finement sculptés
Par qui les églises gothiques
Prennent d'élégantes gaîtés !

Les cloches sont trop solennelles,
Et, d'un bout à l'autre de l'an
Dig, ding, don ! nous mettons des ailes
A tous les appels du cadran !

Et tandis que l'horizon change,
Pendant qu'en la sombre cité
Le soleil, la neige et la fange
Sèment le spleen ou la gaîté,

Notre chant où rien ne soupire
Éclate du haut de la tour,
Pareil, en fraîcheur, au beau rire
De vierges ignorant l'amour,

Et notre essaim partout envoie
Ses allégros victorieux,
Vibrants d'une éternelle joie
Comme l'âme des anciens dieux!

PROPOS DES CHIENS DE LAITIERS

PROPOS DES CHIENS DE LAITIERS

A ÉDOUARD RIGELÉ

Emprisonnés avant l'aurore
Dans un harnachement complet,
Nous traînons vaillamment la charrette sonore
Où tremblent les boîtes au lait !

Bien peu d'êtres de notre espèce
Ont connu les rudes travaux :
Et, si nous sommes gras, nous gagnons notre graisse
Comme nos amis les chevaux !

Pendant notre pénible ronde,
Des roquets, plus ou moins bien nés,
Se laissent bichonner par des dames du monde
Dans des salons capitonnés !

Quelques levrettes désœuvrées,
Grelottant sous leurs pardessus,
Affectent les dédains profonds des mijaurées,
Quand elles nous ont aperçus !

De gros terre-neuve inutiles
Qui s'en vont gravement au pas,
Détournant un moment leurs larges yeux tranquilles
Nous regardent du haut en bas !

Puis, des toutous au poil vulgaire,
Sur le seuil des portes juchés,
Contre nous longuement poussent des cris de guerre,
Nous sachant fort bien attachés !

Plus loin, une chienne amoureuse,
Qu'une meute suit à loisir,
File à côté de nous, effarée et pleureuse,
Irritant notre vain désir.

Tantales de la gent canine
Nous voyons tout sans rien avoir,
L'égoïsme de l'homme âpre au gain nous confine
Dans le supplice du devoir !

Toujours errants et toujours tristes,
Pris par le servage au collet,
Nous roulons des pensers de vieux socialistes
En traînant nos boîtes au lait !

VISITE AU COLLÈGE

VISITE AU COLLÈGE

A ÉDOUARD PESCHER

Le soir tombait ; la cour, entre ses quatre murs,
Dans ses recoins déjà prenait des tons obscurs.
    Des enfants aux faces rosées,
Indifférents au spleen qui descendait des cieux,
Sillonnaient vivement avec des cris joyeux
    Des glissoires improvisées.
Mais l'heure de l'étude allait sonner bientôt ;
La clochette, fixée à la muraille nue,
Devait dans un moment, de sa voix trop connue,
Donner à plus d'un cœur un douloureux sursaut.

Pensif, je contemplais l'enfance turbulente,
Et je me revoyais au collège, chez nous,
Avec mes pantalons déchirés aux genoux
     Par quelque lutte violente;
     Et dans ces petits étrangers
     Je m'étais retrouvé moi-même,
Agile, avec mes yeux vifs et mes pieds légers,
Poète un peu déjà, quoiqu'assez fort en thème !
Et je sentis surgir en moi soudainement
     Tout le passé du vieux collège,

Passé plein de grammaire et de boules de neige
Et que le bleu lointain des jours fait plus charmant !

Ah ! je ne songeais pas alors, pendant l'étude,
Sous les lampes de cuivre aux abat-jour de fer,
Que j'irais, à trente ans, bravant la lassitude,
Dire ma poésie, au loin, en plein hiver !
Et moi que captivaient Mélibée et Tityre,
Qui m'enivrais des mots au rythme musical,

J'ignorais que c'était préparer mon martyre
Que me créer ainsi la soif de l'idéal !

Mais qu'importe ! Soyez toujours bénis, poètes,
O grave Homère, ô doux Virgile, ô seuls vrais dieux !
Jusques dans la noirceur des plus âpres tempêtes
Vos poèmes en moi palpitent, radieux ;
Je vous ai salués, muet, du fond de l'âme
Sous le ciel anversois, parmi les écoliers,
Avec autant d'amour et de joie et de flamme
Que d'anciens compagnons retrouvés aux foyers !

A UN CHRIST EN CROIX

A UN CHRIST EN CROIX

D'APRÈS UN TABLEAU DE VAN DYCK

AVE

Toi dont la face pâle et toute renversée
Trahit éperdument les horribles douleurs,
Toi dont les yeux baignés par le sang et les pleurs
Reflètent une amère et poignante pensée,

Toi qui demeures seul sous ce grand ciel plombé
Que semble interroger ton désespoir suprême,
Toi qu'une âpre agonie a déjà rendu blême,
Du haut de quel beau rêve, ô Christ, es-tu tombé?

Sens-tu soudainement que ton Père céleste
N'était rien qu'un fantôme éclos dans ton amour,
Et qu'à ton héroïsme impeccable il ne reste
Que la nuit sans aurore et la mort sans retour?

Te dis-tu que les cieux n'ont jamais eu de maître,
Que l'âme n'est qu'un souffle et que ton œuvre est vain,
Que ton esprit mortel, tout prêt à disparaître,
Par ses illusions, seulement, fut divin?

Vois-tu l'impérissable et fatale injustice
Te survivre, en riant de tes accents sacrés,
Et l'innombrable essaim des maux invétérés
Pulluler après toi, malgré ton beau supplice?

Ou bien, — exaspérant et lamentable affront!
Pressens-tu qu'en ton nom, un jour, martyr auguste,
Ceux qui se nommeront tes prêtres, brûleront
Les chercheurs d'avenir et les soldats du juste?

Certes, ce n'est point trop que de pleurer du sang
Si, dans les visions de ton heure dernière,
Ton cœur, cruellement inondé de lumière,
Perçoit dans l'avenir les horreurs du présent !

Alors, ô beau rêveur aux paroles sublimes
Dont les yeux sont restés pleins d'épouvantement
Devant l'affreux désert de ce noir firmament
Et devant cette terre abandonnée aux crimes,

Peut-être qu'en ton cœur chante, comme un adieu,
Un seul et consolant souvenir : Magdeleine
Aimant ton corps divin avec une âme humaine
Et sur tes pieds troués collant sa lèvre en feu !

SUR LA CATHÉDRALE

SUR LA CATHÉDRALE

VISION

AVE

Pas de soleil : la bise a de vives haleines
Et la neige, tombée à flocons dans la nuit,
Charge les toits serrés de la ville et les plaines,
Et des labeurs de l'homme étouffe tout le bruit.

Le ciel brumeux et bas a pris des teintes fines
Et rapproché le cercle obscur des horizons,
Les clochers effacés des paroisses voisines
Estompent leurs profils au-dessus des maisons.

Et tout là-bas, vague cortège,
Des vaisseaux, sur le fleuve invisible entraînés,
Semblent à mes yeux étonnés
Une flotte impossible en marche sur la neige.

L'hiver, partout l'hiver, gris et silencieux,
L'hiver au pénétrant et douloureux prestige ;
Je n'ai point, sur la tour, pâli par le vertige,
Mais j'ai senti peser sur moi les sombres cieux.

J'ai voulu m'arracher aux choses de la terre,
Et, d'un élan mystique et soudain transporté,
M'enfuir dans un ballon et chercher, solitaire,
L'espace magnifique où règne la clarté !

Déchirant l'épaisseur funèbre des nuées,
Dans un impétueux essor,
J'ai désiré partir, par de brusques trouées,
Vers l'immuable azur baigné d'un soleil d'or,

Planer soudainement sur l'océan des brumes,
    Flotter, radieux et sans peur,
Contempler des lambeaux vagabonds de vapeur
Tordus sous le vent frais ainsi que des écumes,

Voguer dans l'infini des sublimes déserts,
Et, tout épanoui dans la lumière immense,
M'enivrer longuement de l'éternel silence
Sans plus rien voir là-haut du terrestre univers !

Et mon désir, toujours prolongé dans le rêve,
M'emportait vers le bleu des froides régions :
Comme un esquif à voile envolé de la grève
Je fuyais éperdu dans l'air plein de rayons,

    Puis, caressant ma fantaisie,
Je voyais tout à coup des nuages rosés
Par un vent violent à mes pieds divisés
M'entr'ouvrir la splendeur d'une vaste éclaircie,

Et dans un gouffre clair, sillonné des oiseaux,
Je contemplais, en bas, de fertiles contrées,
Des monts mystérieux et des mers ignorées
Où, comme des points noirs fourmillaient des vaisseaux !

Toujours plus affamé d'espace et de lumière.
Je n'aurais pas voulu voir le rouge soleil
Plonger son large globe à l'occident vermeil
Et me rendre, en mourant, ma tristesse première,

Mais joyeux et l'esprit dégagé, m'enivrant
        De cette fuite vagabonde
Je poursuivais, sans trêve, autour de notre monde,
L'astre majestueux dans son cours apparent,

Et mon illusion, dans l'hiver noir éclose,
Me montrait doucement mes sens épanouis
        Dans l'éternelle apothéose
De mon vol sans limite et de mes jours sans nuits !

CHANSON A BOIRE

CHANSON A BOIRE

A LÉON AERTS

Dix heures ont sonné. La neige s'est accrue :
Comme des papillons tombent ses flocons blancs.
Des passants attardés, entrevus dans la rue,
Sur les trottoirs gelés se hâtent, chancelants.

    Dans la taverne hospitalière
    Qui rend à nos cœurs leur essor
    Buvons, avec la blonde bière,
    Au grand poêle à la gueule d'or !

Les quais restent déserts et le fleuve charrie,
Et sous le vaste ciel plein d'une immense nuit,

Les groupes de glaçons, roulant avec furie,
Aux pilotis du port se heurtent à grand bruit :
    Narguant l'hiver et sa bagarre
    Savourons gaîment du vrai thé ;
    Buvons, en fumant un cigare,
    Au charme de l'intimité !

L'un vers l'autre penchés, causons de mille choses,
Du mâle et juste orgueil des maîtres d'autrefois,
Des brises du printemps qu'on voudrait voir écloses
Pour fondre en mille pleurs la neige sur les toits !
    Et, revenant à l'Esthétique,
    Buvons, par delà le présent,
    Avec du vieux rhum authentique,
    A l'Art, qui gagne en vieillissant !

Mais avant de quitter notre chambre bien close
Et de rentrer, joyeux, chacun dans sa maison,
S'il faut, pour mieux braver encor l'hiver morose,
    Souper quelque peu, sans façon,

Buvons cette fois, je vous prie,

Pour couronner nos francs propos,

Avec du vin de ma patrie,

A votre accueil loyal, bon comme un vieux bordeaux !

LE MUSÉE PLANTIN

LE MUSÉE PLANTIN

A LÉOPOLD DE WAEL

I

Vieille d'au moins trois cents années
L'imprimerie est là, telle qu'au premier jour,
Avec ses escaliers, ses larges cheminées
Et sa pompe, abritée en un coin de la cour.

Nous entrons : tout y garde un solennel silence :
Ici, c'est le comptoir avec ses encriers,
Son almanach bruni, sa petite balance ;
Plusieurs presses, là-bas, dorment, sans ouvriers.

Plus haut, près de creusets éteints et solitaires,
Des tabourets du temps sont demeurés tout droits ;
Aux murs sont accrochés, dans des cadres de bois,
Les modèles brillants d'énormes caractères.

Des paquets jaunissants de beau papier vergé
Sont, depuis Charles-Quint, tout prêts pour le tirage ;
Des livres en épreuve, éclos dans un autre âge,
Sur des tables de chêne attendent, corrigés.

Plus d'une bouche, ici, jurait par Aristote :
Les évêques régnaient en maîtres, et c'est là
Que l'on a composé la Bible polyglotte
Pieusement conforme à celle d'Alcala.

Une Vierge est fixée à la muraille blanche ;
C'est elle qui devait protéger les travaux
Des sombres ouvriers, sans doute peu dévots,
Très assidus, par ordre, aux messes du dimanche.

Les salles de famille où sont morts les aïeux
Ont l'air d'attendre encor la présence d'un maître ;
Par d'anciens carreaux, sertis de plomb, pénètre
Un demi-jour verdâtre aux tons mystérieux.

Les grands lits ont gardé leurs lourdes courtes-pointes
Et leurs rideaux épais à l'aspect étouffant ;
C'est ici qu'à genoux dans l'ombre, et les mains jointes
Plantin, devant le Christ, priait comme un enfant.

C'est sous ces poutres-là qu'une immense tablée
Buvait dans des hanaps tout creusés d'ornements ;
Voici l'âtre où, devant la famille assemblée,
Flamboyaient des troncs d'arbre avec des sifflements !

Des temps évanouis franchissant la distance,
J'ai senti le vieux monde envahir mes pensers,
Et j'ai cru, dominé par un mirage intense,
Entrer, jeune et vivant, dans les siècles passés.

II

Travailleurs de la Renaissance,
Grandes ombres, ô morts oubliés ou fameux,
Plus d'un déplore encor votre éternelle absence,
            Comme on pleure les anciens dieux !

Vous avez ébloui par vos somptueux charmes
            Et vos impeccables travaux
Les poètes pensifs du Romantisme en larmes
Saintement indignés des usages nouveaux !

            Luxuriantes armoiries,
Bouquins très précieux et galantes amours
Ont fait jaillir alors des strophes attendries
Où sonnaient des appels nombreux aux anciens jours !

Et certes, je comprends qu'en ce siècle vulgaire
            Où plus d'un noble sentiment

Se traite arithmétiquement
Comme le commerce et la guerre,
Je comprends qu'on ait regretté
Avec de magnifiques plaintes
L'ardeur des époques éteintes
En dépit du bon droit et de l'égalité !
Et ta noire maison, de souvenirs peuplée,
O Plantin, fit chanter en moi deux grandes voix
Qui de la profondeur de mon âme troublée
Venaient comme du fond des bois :

Et l'une me disait : « Artiste,
Gémis bien sur les temps écoulés sans retour
Et suis d'un œil noblement triste
La décadence de l'amour !

Oui ! jette l'anathème à nos chapeaux sans plumes,
Aux stupides salons délaissant les beaux vers,
A la banalité des modernes costumes
Qui vont de leur flot noir submerger l'univers !

Pleure aussi, longuement, sur les frais paysages
Déchirés en tous sens par les chemins de fer !
Le moment est passé des héros et des sages !
Les serviteurs de l'art ont trouvé leur enfer ! »

Et l'autre voix reprit : « Oui, ton époque est laide,
Sous de mornes habits battent des cœurs plus froids,
Mais la marche du monde est sans aucun remède,
Les esprits sont en proie à d'inflexibles lois !
Ah ! comment veux-tu donc que quelqu'un compatisse
A tes maux de rêveur, à tes beaux songes creux ?
Aux dépens de l'art pur le progrès rend heureux !
Le Sublime expirant fait place à la justice !
Les muses de jadis ont soufflé leur flambeau !
On aligne partout les esprits et les rues !
Mais laisse à leurs cercueils les races disparues,
Et préfère le bien à la splendeur du Beau ! »

Et moi je m'écriai : « Quand viendra le génie
Où tout ne sera plus qu'amour et qu'harmonie,

L'apôtre, d'un élan généreux transporté
Qui fera triompher sur la terre ravie
L'art, ce consolateur éternel de la vie,
A l'égal du progrès et de la liberté !

LA LÉGENDE DE QUENTIN METZYS

LA LÉGENDE DE QUENTIN METZYS

A FRANS GITTENS

I

Le soufflet a ronflé, la forge flambe et fume.
Pan, pan ! maître Quentin a très chaud ; sur l'enclume
Le fer rouge scintille, et ses étoiles d'or
Sous le marteau pesant prennent un vif essor.
Le jeune forgeron au petit jour se lève ;
Et, faisant retentir son dur labeur, sans trève,
Il est là, les bras nus, en sueur, et tout noir,
Jusqu'au doux tintement de l'angélus du soir.
Tout sort d'entre ses mains délicates et fortes,

4

Les fers pour les chevaux et les gonds pour les portes ;
Il sait, depuis longtemps, ciseler tour à tour
Des clefs pour les coffrets, des serrures à jour,
Et, comme un bon rimeur fait pour sa poésie,
Avant de se glisser au lit, il s'extasie
Sur de souples rinceaux finement ouvragés
Et des fleurs de métal aux calices légers.
C'est ainsi que Metzys, avec sa vieille mère,
Vit en bonne santé, sans chagrin, sans chimère,
Et pense que son cœur au calme battement
Va rester amoureux du travail seulement.
Créateur au cerveau raisonnable, il oublie
Qu'en la sagesse vraie entre un peu de folie
Et qu'il faut au jeune homme une belle et des pleurs
Comme une chaude pluie aux racines des fleurs.

Subissant donc la loi qui l'avait mis au monde,
Il devint amoureux, d'une façon profonde,
Ainsi que l'on a soif, sans presque s'en douter.
Il eut beau tout d'abord en rire et protester,

Se faire des sermons très dignes d'un saint homme,
S'imposer le travail d'une bête de somme,
Chanter, suer, se mettre en quatre tout le jour :
Que peuvent les marteaux contre le mal d'amour ?
Il n'avait obtenu dans ces rudes journées
Qu'un visage pâli, des paupières cernées,
Une large brûlure au doigt, des bras moulus,
Un peu de graisse en moins et du chagrin en plus.

Il n'a pu s'arracher au souvenir candide
De sa vierge aux yeux clairs, de cette Adélaïde,
Qu'il a vue un beau jour passer, tout simplement.
Las, à la fin, de vivre avec un tel tourment,
Il résolut d'aller lui-même chez le père,
Messer Van Tuylt, bourgeois à la maison prospère,
Peintre à moments perdus, au reste bon vivant
Et qui ne songeait pas, pour sa fille, au couvent.

II

Un dimanche matin, au sortir de la messe,
Quentin, s'étant tenu vaillamment sa promesse,
Et, malgré les conseils maternels, fort têtu,
S'en alla chez Van Tuylt, grave et de neuf vêtu.
Le forgeron, comptant sur sa bonne figure,
Oubliant tout, ses doigts calleux, sa race obscure,
Se présenta, tremblant quelque peu, mais bercé
Par un espoir d'hymen follement caressé.
Plongé dans un fauteuil incrusté d'armoiries,
Le père le laissa parler, sans railleries ;
Puis, quand il eut fini, devint malicieux
Et dit : « Maître Quentin, ma fille a de beaux yeux,
Et, de plus, une dot maintes fois désirée ;
On est venu de loin pour elle, et la contrée
Cache plus d'un galant qui n'a pas réussi,
Et je ne pensais pas, certes, te voir ici !

Mais je dois pardonner toujoursà l'homme honnête
Dont le sang, un peu jeune, a pu troubler la tête ;
Mon orgueil, qui pourra te faire récrier,
Ne veut point pour ma fille un modeste ouvrier,
Pas plus qu'un bon drapier ou qu'un grand capitaine :
On me dit vaniteux, comme on la dit hautaine,
Mais qu'importe ? La chose est conclue entre nous :
C'est un artiste seul qu'elle aura pour époux !
— Fort bien, lui dit Metzys, je veux être cet homme !
— Toi ! —. Moi-même ! Et cela peut vous surprendre ! En somme,
J'ai l'esprit inventif et vaillant ! — Je le sais.
Mais un bon ferronnier, ami, n'est point assez ;
Il me faudrait un peintre, un sculpteur, un poète,
Une âme de haut vol, noblement inquiète
De rechercher toujours la pureté du beau !
Cette âme, je le crois, n'habite point ta peau ;
J'approuve ta visite amusante et hardie,
Mais ne t'étonne point que je te congédie.
— Ne m'en dites pas plus ; c'est bien ; je m'en irai,
Mais non point tête basse et pour jamais navré :

4·

Plus celle que je veux m'échappe, et plus je l'aime !
Messer, écoutez-moi ! voulez-vous qu'ici-même,
Dans quatre ans, jour pour jour, je revienne ? —Comment ?
— Oui, voulez-vous, prenant pitié d'un pauvre amant
Qui pour les seuls beaux yeux de votre fille existe,
Me laisser tout ce temps pour devenir artiste?
Adélaïde est jeune, et, certes, vous pouvez,
Respectant ma tendresse et mes bonheurs rêvés,
Jusques à ce moment un peu lointain attendre
Pour mieux choisir celui qui sera votre gendre.
Alors, si dans mon art j'ai bien fait mon chemin,
De ma mie aux yeux clairs accordez-moi la main !
— Ainsi, tu jettes là tes marteaux et ta lime !
Si tu n'es pas un fou, je te trouve sublime !
Vers le but que tu veux marche donc librement :
J'attendrai ton retour ; je t'en fais le serment.
Adieu donc ! donne-moi ta main ! qu'il te souvienne
Qu'au prix de tes chefs-d'œuvre Adélaïde est tienne !
Adieu ! » Quentin pleura, muet, devint très blanc,
Puis à son vieux logis retourna chancelant,

L'esprit illuminé d'espoir, joyeux de vivre,
Distrait et singulier à voir, comme un homme ivre.

A sa mère il apprit brusquement son départ.
La vieille en cheveux gris, peu confiante en l'art
Et s'effrayant de voir son fils courir les villes
Répandit longuement des larmes inutiles.
Le matin des adieux, Quentin avait un air
A la fois si nouveau, si vaillant et si fier,
Que, malgré son chagrin, elle se laissa croire
Au mirage doré d'une lointaine gloire
Et son cœur, dans l'orgueil d'un moment emporté,
Demeura sourd aux cris de la maternité.
Mais, dans l'isolement bientôt tout éperdue,
De sa douleur croissante elle vit l'étendue;
Écoutant les marteaux du plus jeune apprenti,
Elle songeait sans cesse à son Quentin parti,
Qui martelait ainsi, fermement, dès l'aurore,
Mais chantait d'une voix plus belle et plus sonore.

III

Une trique à la main, le sac de peintre au dos,
Metzys s'en va tout seul à travers l'Allemagne ;
Il accepte avec joie un labeur sans repos :
Son amour obstiné l'échauffe et l'accompagne.

Chez maître Wohlgemuth, peintre de Nuremberg,
En écolier fidèle il arrête sa course,
Prodigue sa pensée et ménage sa bourse,
Puis il repart, le pied leste et l'esprit ouvert.

Zeitblom et Grünewald l'accueillent ; il achève
Des « Peseurs d'or » pensifs et des « Nativités »,
Plante droit dans le ciel des « Christs ressuscités »
Et se fait un réel splendide avec son rêve.

Pareil dans son voyage aux mages d'Orient,
Par l'étoile guidés vers la crèche divine,

Il conserve brûlant l'amour qui l'illumine,
Et vers le but sublime il marche en souriant.

Les regards pénétrants et purs d'Adélaïde
Brillent toujours en lui d'un éclat triomphant.
Mainte femme aux doux yeux qui le trouve timide
Dans ce ferme lutteur n'aperçoit qu'un enfant !

Dames de haut lignage, auberges, vidrecomes,
Fêtes d'étudiants, rien ne l'a dérouté,
L'offre des plus hauts rangs et des plus grands royaumes
Ne pourrait entamer sa rude volonté.

Son âme, toujours chaude et jamais assombrie,
Maîtrise promptement toute vaine langueur :
Son art le suit partout ainsi qu'une patrie :
Sous tous les horizons il garde un même cœur.

Des nouvelles, parfois, lui viennent de sa ville :
C'est de plus belle alors qu'il reprend les pinceaux.

Il fait à sa pensée une guerre fertile
Comme un soldat blessé qui remonte aux assauts.

Il s'en va, curieux de tout, vivant poëme,
Et pour lui tous les jours ont des charmes nouveaux :
Son amour, dont parfois il s'étonne lui-même,
S'augmente par l'exil et les nobles travaux !

Après quatre ans entiers de cette vie en fièvre,
Pour les choses de l'art il vit qu'il était mûr ;
Il repartit, vaillant, la chanson à la lèvre,
Et se sentant déjà glorieux, bien qu'obscur.

Ah ! comme il y songeait, à sa ville lointaine
Où l'attendaient sa mère et ses jeunes amours ;
Moins fier et moins joyeux est un bon capitaine
Qui revient enrichi d'un voyage au long cours !

Au bruit des carillons, le matin d'un dimanche,
Il revoit les pignons et les clochers d'Anvers, .

Et le port, et les mâts estompés dans les airs
Au milieu de la brume ensoleillée et blanche.

Ses yeux transforment tout en souvenirs touchants;
Plus il va de l'avant, moins ses jambes sont lasses;
Il salue en passant les fontaines des places,
Les tonneaux des brasseurs et les noms des marchands !

Il se laisse envahir par une joie exquise
Devant des carrefours tout à coup retrouvés ;
Rapide et conscient de la valeur conquise,
C'est en triomphateur qu'il foule les pavés.

Il marche : sa maison n'est pas loin. Sa pensée
Au logis de Van Tuylt le porte tout d'abord;
Mais un beau sentiment, plus sévère et plus fort,
L'entraîne à voir sa mère avant sa fiancée.

« Toc, toc ! c'est votre fils ! toc, toc ! mère, ouvrez-moi ! »
Toute bouleversée, elle quitte à grand'peine-

Ses fuseaux en travail et sa chaise de chêne,
Chancelant de vieillesse et plus encor d'émoi.

Le loquet est levé ; lui, pâlit ; elle tremble,
Sur leurs bouches les mots s'arrêtent, palpitants ;
Dans les bras l'un de l'autre ils sont tombés ensemble,
Et, sans pouvoir parler, ils ont pleuré longtemps.

IV

Adélaïde alors, seule en sa chambre, et triste,
Bercée aux clairs accents des cloches du matin,
Rêvait au fiancé singulier et lointain
Qui pour elle affrontait les douleurs de l'artiste.

« Reviendra-t-il, hélas ! disait-elle souvent.
Oubliant le beau feu d'un amour éphémère,
N'est-il pas à travers le monde, poursuivant
Le vol capricieux de quelqu'autre chimère ?

Hélas ! Je ne l'ai vu qu'une fois, et très peu,
Il m'adorait ici, je le sais, mais peut-être
Que ses yeux, au départ, fixés sur ma fenêtre,
M'ont dit, sans le savoir, un éternel adieu ! »

Or, pendant qu'elle est là, douloureuse et fidèle,
Son père entre, superbe ; il serre par le bras
Quentin, tout radieux, qui rougit d'embarras
Et demeure troublé, certes, bien autant qu'elle !

« Embrassez-vous, enfants ! dit Van Tuylt d'une voix
Qui fit presque trembler les vitraux dans leurs châsses.
Va, ma fille ! il a plus mérité de tes grâces
Que damoiseau très noble ou vainqueur de tournois !

Ah mon fils ! Je me sens rajeuni d'une année
          Par ton magnifique retour !
          Jour de Dieu ! Vive l'hyménée,
          Et vive l'Art, fils de l'Amour ! »

V

Les festins somptueux des noces désirées
Durèrent trois matins et trois longues soirées
Dans une salle haute aux tentures de cuir !
Et, devant l'assemblée énorme des convives,
Dans des vases de verre aux peintures très vives,
Des fleurs du renouveau vinrent s'épanouir !

Sur les ors repoussés de splendides vaisselles
Qui semaient dans l'air chaud de larges étincelles
Se gonflait le gros ventre argenté des poissons,
Et dans les profondeurs des flacons de Venise
Brillaient des vins aux tons de soufre et de cerise
Au milieu des vapeurs de lourdes venaisons !

Et parfois, apaisant le grand bruit des paroles
Les cithares, les luths et les basses de violes

Unissaient leurs accents en l'honneur des époux,
Et l'archet des rebecs, doux et mélancoliques,
Donnait avec lenteur d'amoureuses répliques
Aux flûtes qui chantaient d'un ton moqueur et doux.

Puis les deux fiancés, dans leur lit à courtines,
Connurent la beauté de ces heures divines
Où le cœur et le corps sont unis longuement,
Mais Quentin resta grand dans sa joie infinie
Et ne laissa jamais s'endormir son génie
Dans l'extase souvent stérile de l'amant.

LE STEEN

LE STEEN

A JOSEPH DUPONT

I

Château du Saint-Office aux sinistres tourelles,
Noirs pignons en gradins et chambres à poutrelles,
Murs où restent scellés de lourds carcans de fer,
Blasons de pierre grise et fenêtres grillées,
Cours étroites, créneaux sombres, portes rouillées,
Porches béants, pareils à des gueules d'enfer,

Vous m'êtes apparus ainsi qu'un mauvais songe !
Par vous mon esprit se replonge

Dans la funèbre nuit de siècles odieux,
Et vous faites surgir des figures sinistres,
Philippe II, le duc d'Albe, et leurs saints ministres,
Assassins chamarrés aux cœurs religieux !

Oui, dans ce mortuaire et solennel silence,
        Tout me parle avec violence
De la sauvagerie âpre des vieux clergés,
Je frissonne au milieu des chambres de torture
Où, brisés savamment dans leur musculature,
Des malheureux criaient des aveux mensongers !

Ici, les justiciers, pleins d'une sourde joie,
Flanqués de médecins pour surveiller leur proie,
Restaient épanouis devant les hurlements
        Et déployaient un noir génie
        Pour prolonger une agonie
        Au milieu de nouveaux tourments.

Plus bas, des patients, nus dans de l'eau glacée,
Seuls, et la mort toujours présente à leur pensée,

Trépassaient dans la nuit lugubre des caveaux ;
Ceux-ci, devant des gens d'Église armés de cierges,
Étaient déchiquetés vivants à coups de verges
Puis, sous le plomb fondu, grésillaient jusqu'aux os !

Plus loin, on vous coupait en long sous une scie ;
Ceux-là, couchés, mouraient d'une longue asphyxie
Avec de gros moellons sur leur ventre amassés ;
Quelques autres, en l'air, saignaient à pleines veines,
Suspendus à des crocs par les chairs, lourds de chaînes,
Et tombaient, par leur poids lentement dépecés !

II

O Steen, effroyable demeure,
Toi que j'ai vue à peine une heure,
Ton souvenir ravive avec brutalité,
Ma haine impérissable et que je ne puis taire

5.

Contre les mille horreurs commises sur la terre
Au nom d'un Dieu cruel qui n'a pas existé !

Je sais bien qu'il n'est plus de mode,
De partir tout à coup, à cheval sur une ode,
Contre les bourreaux morts et les vieux empereurs ;
Et l'Inquisition, œuvre à jamais inique
Du saint qu'on nommait Dominique
Est banale aujourd'hui jusque dans ses horreurs !

Mais quand je réfléchis qu'au grand siècle où nous sommes,
Sur ce globe, trempé du sang de milliers d'hommes,
Des crimes sont commis encore pour le ciel,
Quand les hymnes accoutumées
Montent à chaque instant vers ce Dieu des armées
Réclamé d'un vainqueur trop souvent criminel,

Eh bien ! sauf à passer pour un tribun des rues,
J'aime, évoquant soudain les races disparues,
Redire tous les maux injustement soufferts,

Et lâcher mes justes colères
Sur les stupidités plusieurs fois séculaires
Qui gangrènent encor notre antique univers !

III

Cependant que le Steen me montrait un autre âge
Une vieille Anversoise au paisible visage,
Un bougeoir à la main, me parlait en flamand
Et croyait m'expliquer les voûtes souterraines
Où l'Inquisition rassasiait ses haines
            Dans un sinistre isolement !

Puis, ayant à nouveau franchi ta porte noire,
O Steen à la sanglante et lamentable histoire,
J'oubliai peu à peu mes douloureux frissons
En me mêlant au peuple en belle humeur qui piaille
Dans une cour, au pied de ta sombre muraille,
Sur le marché houleux où l'on vend des poissons.

Palais dont un regard moderne s'épouvante,
Château sombre et muet, éloquence vivante,
Source d'emportement pour le juste irrité,
Les souvenirs dormant sous tes arceaux gothiques
    Font bénir par les plus sceptiques
Plus d'un héros obscur pour le bien révolté,
Les droits sacrés conquis par le sang de nos pères
Et notre siècle où rit dans des cieux plus prospères
    L'aube de la fraternité !

SANS AMOUR

SANS AMOUR

A PETER BENOIT

LE POÈTE

Aux rayons du soleil, ou bien par des nuits ternes,
O Muse, j'ai couru dans la sombre cité ;
Sur les tables de bois des joyeuses tavernes,
    Le verre en main, j'ai discuté !

Bien avant dans la nuit, j'ai bu du blond pale ale
Et mangé du chester en causant idéal,
Car la saison brumeuse et quelque peu cruelle
Me faisait oublier de demeurer frugal !

Le nez au vent, charmé de choses inconnues,
Toujours prêt pour la marche en mon fiévreux transport,
J'ai foulé le sol blanc des longues avenues
Et rêvé, sur le quai, près des hommes du port!

Ainsi qu'un écolier au sortir de l'école,
Devant les magasins j'ai flâné longuement;
J'ai promené ma course folle
De monument en monument!

J'ai trouvé dans la paix sévère des musées
L'âme des peuples morts et des dogmes détruits;
Tout venait rajeunir l'essaim de mes pensées
Et m'inspirer l'oubli profond de mes ennuis!

Lisant mes vers, le soir, la tête un peu troublée,
J'ai vu dans le public de beaux yeux captivants,
Et des groupes exquis de la foule assemblée
Me semblaient des Rubens et des Van Dyck vivants!

Mais pourquoi donc, ô Muse, ô ma meilleure amie,
Pourquoi suis-je resté sans un désir d'amour !
Ma jeunesse est-elle endormie !
A la raison morose est-ce un brusque retour !

On ne peut certes pas s'ordonner à soi-même
D'avoir, pour un regard charmant, le cœur blessé,
Pas plus que l'on ne peut inventer un poème,
De sang-froid, à moment fixé ;

Mais j'aurais bien voulu que mon âme attendrie
Pût rapporter dans sa patrie
Un souvenir ardent, dût-il être cruel,
Et c'était me montrer, ô Muse, un vrai poète,
Que de rentrer en France ayant perdu la tête
Pour quelque brusque amour né sous un autre ciel !

LA MUSE

Ta jeunesse n'est point glacée
Par le scepticisme vainqueur !
Ne t'inquiète point, enfant, car ta pensée
Était maîtresse de ton cœur !

Lassé par la longueur des veilles,
Ébloui, dans le jour, par d'étranges merveilles
Qu'ignoraient encore tes yeux,
Tu ne pouvais, malgré la force de ta sève,
Te concentrer en un seul rêve
Et d'un regard d'azur demeurer soucieux !

Telle, quand vient l'avril, une plume envolée
Flotte de vallée en vallée
Au hasard des zéphyrs nouvellement éclos ;
Telle aussi, quelquefois, la corolle tombée

De quelque branche en fleur sur un lac bleu courbée,
Vogue longtemps, sans but, sur le miroir des eaux!

Ne te plains pas, ami, de ces trop courtes heures,
          O toi qui si souvent demeures
En proie à des amours pathétiques et vains,
Toi que vers des bonheurs chimériques entraîne
Quelque femme au cœur froid prise pour souveraine
Malgré mes longs appels et mes accents divins!

Si jamais, aveuglé d'une passion folle,
          Tu restes sourd à ma parole,
Vers des pays lointains souviens-toi de partir!
Bien que plaintif et sombre, ouvre grandes tes ailes!
Demande à l'imprévu mille forces nouvelles,
Au lieu de t'abîmer dans des spleens de martyr!

Va; si vraiment ton âme est celle d'un artiste,
On ne te verra pas longtemps stérile et triste

En face d'horizons encor vierges pour toi !
Et les cœurs inconnus, et la grande nature
S'uniront doucement pour changer ta torture
En des cris de bonheur et des hymnes de foi !

AU REVOIR

AU REVOIR

A FRANS GITTEN

Les poètes français deviennent troubadours !
Nous arrivons de loin, tout exprès pour vous dire
    Nos pleurs et nos éclats de rire,
Nos forêts et nos blés, nos lacs et nos amours !
Aux voix des carillons égrenés dans la brume,
Sur les bords de l'Escaut à grand bruit emporté,
    Nous chantons, même avec le rhume,
La Provence, Paris ou la Franche-Comté !
Mais dans votre cité qui devient une amie,
L'on est si cordial et plein de bonhomie

Que de nos premiers spleens tout vient nous alléger,
Et, dans votre maison accueillante, j'oublie
        Cette amère mélancolie
Qui s'impose à tout homme en pays étranger !
Rentré dans ce Paris qui fourmille et qui gronde
Et que j'avais quitté naguère, tristement,
J'ai senti s'envoler mon âme vagabonde
        Vers votre lointain firmament,
Et, sans être infidèle à notre France aimée,
        Je vois qu'en mon âme charmée
Un souvenir vivant et beau s'est implanté,
Souvenir à la fois lumineux et tranquille
Où, parmi les splendeurs de votre vieille ville,
Rayonne la chaleur de l'hospitalité !

FIN

TABLE

	Pages.
En wagon	3
L'arrivée	9
Le chant des carillons	15
Propos des chiens de laitiers	21
Visite au collège	27
A un christ en croix	33
Sur la cathédrale	39
Chanson a boire	45
Le musée Plantin	51
La légende de Quentin Metzys	61
Le Steen	79
Sans amour	87
Au revoir	95

PARIS. — IMPRIMERIE ÉMILE MARTINET, RUE MIGNON, 2.

NOUVEAUX OUVRAGES EN VENTE

Format in-8°

H. DE BALZAC
ŒUVRES COMPLÈTES, tome XXIV et
dernier. — CORRESPONDANCE ... 7 50

FEU LE DUC DE BROGLIE
LE LIBRE ÉCHANGE ET L'IMPÔT. 1 vol. 7,50

A. DUMAS FILS
LA QUESTION DU DIVORCE. 1 vol. ...

AD. FRANCK
RÉFORMATEURS ET PUBLICISTES DE
L'EUROPE. Tome II ... 7 50

ERNEST HAVET
LE CHRISTIANISME ET SES ORIGINES,
tome III. 1 vol. ... 7 50

PROSPER MÉRIMÉE
LETTRES A M. PANIZZI. 2 vol.

CHARLES DE LOMÉNIE
HISTOIRE DES ŒUVRES DE BALZAC.

MADAME DE RÉMUSAT
MÉMOIRES. 3 vol.

ERNEST RENAN
L'EAU DE JOUVENCE. 1 vol.

PAUL DE SAINT-VICTOR
LES DEUX MASQUES. 1 vol.

THIERS
DISCOURS PARLEMENTAIRES. T.

Format gr. in-18 à 3 fr. 50 c. le volume.

XAVIER AUBRYET ... vol.
LE TRIPTYQUE ... 1

J. AUTRAN
LETTRES ET NOTES DE VOYAGE ... 1

H. DE BALZAC
CORRESPONDANCE ... 2

TH. BENTZON
AMOUR PERDU ... 1

HECTOR BERLIOZ
CORRESPONDANCE INÉDITE ... 1

LOUIS BLANC
DIX ANS DE L'HISTOIRE D'ANGLETERRE. 10

DUC DE BROGLIE
LE SECRET DU ROI ... 2

RHODA BROUGHTON
JOANNA ... 1

Psse O. CANTACUZÈNE-ALTIERI
LE MENSONGE DE SABINE ... 1

L. J. DE CARNE
APRÈS LA FAUTE ... 1

H. CAUVAIN
LA MORT D'ÉVA ... 1

CHUSIU
SHOCKING ... 1

X. DOUDAN
LETTRES ... 1

ABRAHAM DREYFUS
SCÈNES DE LA VIE DE THÉATRE ... 1

A. DUMAS FILS
THÉATRE COMPLET. Tome VII ... 1

TIPHAINE ... 1

DUPREZ
SOUVENIRS D'UN CHANTEUR ... 1

CHARLES EDMOND
ZÉPHYRIN CAZAVAN EN ÉGYPTE ... 1

O. FEUILLET
LE JOURNAL D'UNE FEMME ... 1

***
A CÔTÉ DU BONHEUR ... 1

ALSACE-LORRAINE ... 1

J. DE GLOUVET
LE FORESTIER ...

LUDOVIC HALÉVY
LES PETITS CARDINAL ...

A. KARR
A L'ENCRE VERTE ...
LE LIVRE DE BORD ...

EUGÈNE LABICHE
THÉATRE COMPLET ...

LÉOPOLD LACOUR
TROIS THÉATRES ...

JULIETTE LAMBER
GRECQUE ...

R. LINDAU
PEINES PERDUES ...

MELCHIOR DE VOGÜÉ
HISTOIRES ORIENTALES ...

MICHELET
INTRODUCTION A L'HISTOIRE DU ...

A. DE PONTMARTIN
NOUVEAUX SAMEDIS. Tome ...

LOUIS ULBACH
CONSTANCE ...

ERNEST RENAN
CONFÉRENCES D'ANGLETERRE ...

VICTOR RICHARD
LA FOIRE AUX ...

H. FÉVAL
SOUVENIRS DE LA ROUTE ...

C. A. SAINTE-BEUVE
LE CLOU D'OR ...

***
ESQUISSES MORALES ...

E. TEXIER
MONSIEUR CANDAULE ...

LOUIS ULBACH
LE TAPIS VERT ...
LE MARIAGE DE POUCHKINE ...
LE MARIAGE DE LOTI ...

Paris. — Imprimerie Ph. Bosc, 3, rue Adry.